Este libro pertenece a:

Noguera Arrieta, Luisa
    Del amor y otros bichos : rimas hechas cuento / Luisa
Noguera Arrieta ; ilustrador Carlos Manuel Díaz. -- Editora
Mónica Laverde Henao. -- Bogotá : Panamericana Editorial, 2013.
    64 p. ; 19 cm. -- (Álbumes Panamericana)
    ISBN 978-958-30-4153-2
    1. Cuentos infantiles colombianos 2. Amor - Cuentos
infantiles 3. Fantasía - Cuentos infantiles I. Díaz, Carlos Manuel,
il. II. Laverde Henao, Mónica, ed. III. Tít. IV. Serie.
I863.6 cd 21 ed.t
A1387152

        CEP-Banco de la República-Biblioteca Luis Ángel Arango

Del amor y otros bichos

Rimas hechas cuento

Luisa Noguera Arrieta

Ilustraciones
Carlos Manuel Díaz Consuegra

PANAMERICANA
EDITORIAL

Primera edición en Panamericana Editorial Ltda.,
marzo de 2013
© 2013 Luisa Noguera Arrieta
© 2013 Panamericana Editorial Ltda.
Calle 12 No. 34-30, Tel.: (57 1) 3649000
Fax: (57 1) 2373805
www.panamericanaeditorial.com
Bogotá D. C., Colombia

Editor
Panamericana Editorial Ltda.
Edición
Mónica Laverde Henao
Ilustraciones
Carlos Manuel Díaz Consuegra
Diagramación
Marca Registrada Diseño Gráfico Ltda.

ISBN 978-958-30-4153-2

Impreso por Panamericana Formas e Impresos S. A.
Calle 65 No. 95-28, Tels.: (57 1) 4302110 - 4300355.
Fax: (57 1) 2763008
Bogotá D. C., Colombia
Quien solo actúa como impresor.

Impreso en Colombia - *Printed in Colombia*

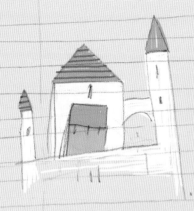

Muchas cosas han pasado
en tu vida mientras creces;
habrás reído y llorado
un buen número de veces.

¿Te dio la mano una bruja,
o algún sapo te besó?
¿Te has sentido solo y triste?,
¿te habrá picado el amor?

Te atemoriza el futuro,
y no sabes cómo será;
tu mascota no es eterna…,
¿te has peleado con mamá?

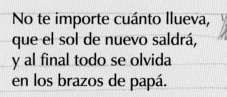

No te importe cuánto llueva,
que el sol de nuevo saldrá,
y al final todo se olvida
en los brazos de papá.

Contenido

El amr

Cosas que pasan

La vocación

Para:

todas las niñas del mundo.

Avenida la cara mirona,

en la ciudad.

148916

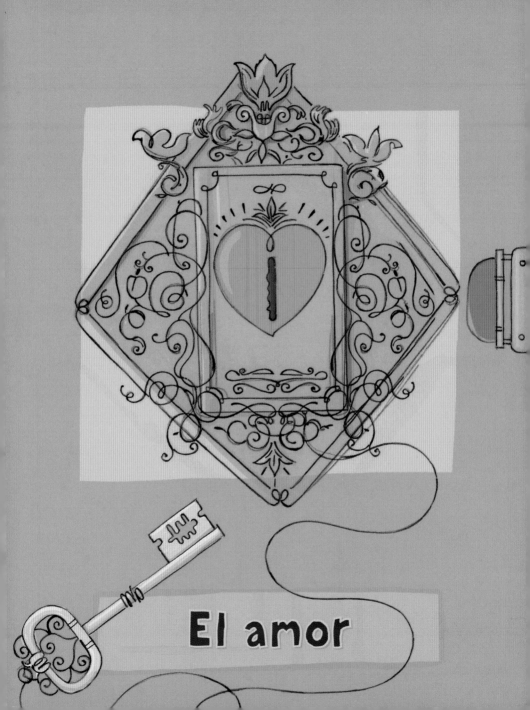

El amor

Lápiz

Por la blanca superficie
se desliza con destreza,
dibuja y garabatea
lo que hay en mi cabeza.

Larga y afilada punta
aguda como alfiler,
logra que lo que no digo
al fin lo puedas saber.

Si me sonrojo al mirarte
imposible se hace hablarte,
pero con su fina ayuda,
tal vez logre enamorarte.

Grafito negro y brillante
aliado del escritor,
escribe pronto en su hoja
hablándole de mi amor.

Un beso

La rana estaba enojada
y no quería conversar.
Sentada en su flor de loto
se miraba en el espejo
de las aguas cristalinas
donde quedaba su hogar.

Mis zancas dan largos brincos,
mi cuerpo delgado es;
mis ojos grandes, saltones,
y mi piel suave y lustrosa.
Soy una criatura hermosa,
lo digo sin vanidad,
igual que una mariposa
o cualquier otro animal.

En la tarde cuando el Sol
tiñe de rojo los cielos,
los pájaros alzan vuelo
y cantando van a dormir,
yo los arrullo mimosa
parada aquí, en esta hoja,
entonando mi croar
antes de irme a acostar.

Croack
Croak

No le hago mal a nadie
siempre vivo muy tranquila;
pero suelen ignorar
que estoy en este lugar.
Hablan solo del tal sapo,
ese gordo y barrigón,
el que se cree importante
porque de un cuento salió.

Se pasa el día esperando
que alguien lo venga a besar,
quizás una niña rubia
o una moza con lunar.
Va a abandonar este charco
cuando se rompa el conjuro
que una bruja profirió
y en sapo lo convirtió.

¡Ay! qué antipático bicho,
qué petulante y creído.
Su croar es horroroso,
solo hace un ruido espantoso.
¿Dónde estará la fulana
que lo debería besar?
Para estar sola y en calma,
¿cuánto tiempo he de esperar?

Por eso estoy enojada
y ya no quiero cantar.
Que alguien se invente otro cuento
y me venga a rescatar.
Si besando a un sapo feo
aparece un joven bello,
imagine usted aquello
si alguien me besara a mí.

¿Y si el beso yo le diera
y ningún cambio ocurriera?
Tendría que conformarse
con su cuerpo gordinflón,
su piel rugosa y manchada,
su voz de flauta dañada
y olvidaría aquella historia
de encontrar enamorada.

Pero no encuentro el valor
para darle un beso al sapo.
Será mejor esperar
que el cuento se haga verdad
o que el sapito se aburra
de esperar que aquello ocurra
y que viva como todos,
conforme en este charcal.

¡Que tome clases de canto!
Yo le podría recetar
ungüentos de barro blanco
para aclararle la piel,
y lo feo de su carácter
también se podría arreglar,
cuando aprenda a valorar
el que tiene por hogar.

Aunque mirándolo bien
algo de encanto sí tiene.
Es grande, parece fuerte;
en extremo feo, no es.
Todos los días me saluda
pero yo no le hago caso.
¿Y si un día se aburriera?
Dirá que soy muy grosera.

Tal vez si le doy el beso
y el hechizo no se rompe,
tendré un sapo compañero
para formar un hogar.
Un charco con renacuajos,
¿qué más podría desear?,
una familia ruidosa
para croar y croar.

NO

Estas dos letras van solas,
sin ninguna compañía.
¡Qué cantidad de emociones
me producen al oírlas!

Se combinan en pareja
para acabar ilusiones,
para romperme los sueños,
para acallar mis canciones.

Me detienen en el acto,
me hacen guardar lo que pienso.
Me atan las manos, la mente,
me dispersan como el viento.

Pero a veces, cautelosas,
evitan un desacierto.
Me cuidan como un buen ángel,
me llevan a salvo al puerto.

Me alejan de una gran pena
disfrazada de alegría,
o tal vez me dan alivio
disolviendo una agonía.

Pero hay un momento exacto
en que oírlas no quisiera,
cuando vienen de tus labios,
cuando dices no, y me dejas.

María

Hoy debo dormir temprano,
mis ojos he de cerrar.
Con el canto de los gallos
me tendré que levantar.

Pero el sueño no aparece,
no me quiere visitar,
en su lugar me acompañan
muchas cosas qué pensar.

Me distraen y me llevan
de mi lecho a otro lugar,
a la casa de María,
que en su cama habrá de estar.

¿Soñará María conmigo
como sueño yo con ella?,
¿con sus ojos, con sus manos,
con su pelo y su piel bella?

Pasa el tiempo y nada cambia
día tras día es igual;
me conformo con mirarla
en el recreo matinal.

¿Sabrá María que yo existo?
No lo puedo asegurar,
sus pupilas en mis ojos
nunca he logrado fijar.

Cosas que pasan

Navidad

La rata del entrepiso
de una antigua construcción
observaba preocupada
una extraña discusión.
La familia alborotada
no lograba decidir
qué adorno colocaría
a la entrada del jardín.

¿Un trineo con tres renos
y un gordito grandulón?
o un gran muñeco de nieve
con bufanda y gorro alón.
—¡Ay, qué tontos! —rio la rata—.
¿No se han fijado en el Sol?
El invierno vive lejos,
aquí no hay esa estación.

¿Con qué nieve jugaría
el muñeco de algodón?
Los renos se enfermarían
sofocados de calor.
Corría la rata atrevida
del escondrijo al jardín,
olvidando a su enemigo
que acechaba por ahí.

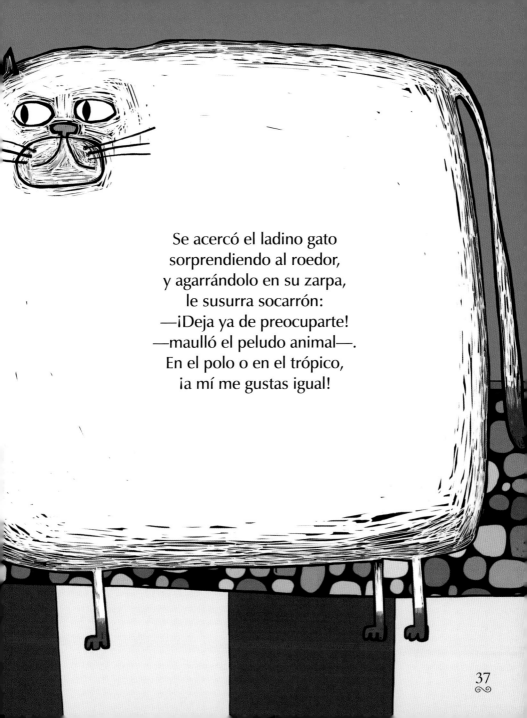

Se acercó el ladino gato
sorprendiendo al roedor,
y agarrándolo en su zarpa,
le susurra socarrón:
—¡Deja ya de preocuparte!
—maulló el peludo animal—.
En el polo o en el trópico,
¡a mí me gustas igual!

Una gota

Soy una gota de lluvia
y me queda poco tiempo;
sé que me voy a secar
cuando salga el Sol sediento.

Caí anoche de una nube
en torrencial aguacero,
mas me quedé en esta hoja,
no alcancé a llegar al suelo.

Otras gotas compañeras
juntas formaron un charco
tan caudaloso y profundo,
que haría muy feliz a un barco.

Y allí beberán las mirlas
que agotadas de cantar,
en la orilla de sus aguas
se posen a descansar.

Algún copetón coqueto
se dará un buen chapuzón,
lavando con mucho esmero
pico, patas y plumón.

Yo soy una gota chica,
diría insignificante,
tan sola, tan diminuta
a merced del Sol radiante.

Seré parte de otra nube,
mañana al amanecer;
con una nueva tromenta
podré volver a caer.

Quizás un nuevo aguacero
me lleve con mejor suerte,
el mundo podré conocer
poco antes de mi muerte.

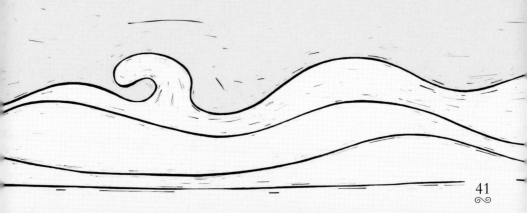

Bailarina

Con su vestido naranja
de larga cola brillante,
se desliza lentamente
coqueta y muy elegante.

En su pequeña pecera
que para ella es el mundo,
mi graciosa bailarina
da muchas vueltas sin rumbo.

Cuando está sobre mi mesa
ella solo alcanza a ver
mi cubrelecho estampado
y mi lámpara de papel.

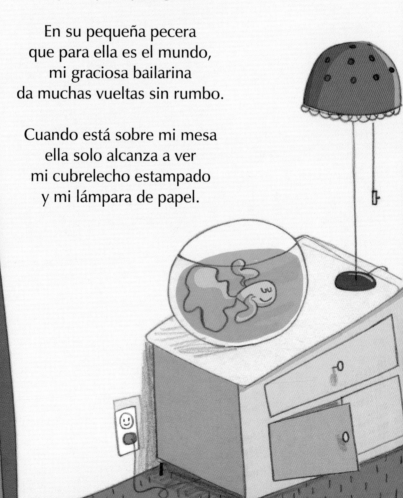

Mi pequeña bailarina
no conoce otro lugar,
ni la corriente del río
ni la inmensidad del mar.

No sabe que sopla el viento
ni que el sol entibia el agua,
en su redonda pecera
ve la vida siempre igual.

Da mil vueltas solitaria
sin saber que más allá
el mundo no se contiene
en un marco de cristal.

Sí

Dos letras de hermosa forma
se unieron para alegrar,
para dibujar sonrisas,
para devolver la paz.

Hacen que el día se ilumine,
que den ganas de saltar,
que me sienta más valiente
y que me quiera arriesgar.

Dan la mano, abren las puertas,
me invitan a caminar;
dos letras que se asociaron
para dar felicidad.

Pero a veces nos confirman
lo que se quiso evitar,
y en vez de hacernos felices
nos pueden hacer llorar.

La vocación

Hoy

¿Y por qué es tan importante
lo que algún día seré?
¿Abogado, navegante
o profesor de ajedrez?

¿Carpintero, limpiapisos,
ingeniero constructor,
modisto, chef, cirujano
o de un camión conductor?

¿Cultivador de uvas verdes
o del clima observador?
Tal vez payaso de un circo
o mejor el director.

¡Ya sé! Yo domaré fieras
con látigo y una silla,
o quizás con chistes flojos,
y una sesión de cosquillas.

¿Y por qué me angustio ahora?
Apenas un niño soy,
mi deber y obligación,
es sentirme feliz hoy.

El trato

No te entiendo aunque lo intento,
para mí eres un misterio.
Aunque muchos te han amado,
yo no sé qué por ti siento.

Solo sé que me confundes,
que me llevas al abismo,
y sé, desde que te veo,
que a veces dudo que existo.

Me angustia que otros te quieran,
que se diviertan contigo.
¿Por qué yo no puedo hacerlo?,
dime, ¿hay algo malo conmigo?

El tiempo pasa volando,
muy pronto no seré un niño.
¿Qué voy a hacer con mi vida,
si siempre contigo riño?

No podré ser ingeniero,
contador ni economista.
¿Habrá alguna profesión
que no te tenga en su lista?

Pero te propongo un trato:
si no me atacas, lo intento.
Me acercaré muy despacio,
comenzando desde cero.

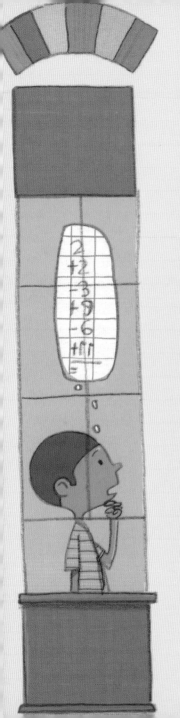

Enteros y decimales,
fracciones, primos e impares,
desigualdades y sumas,
cuadrados y radicales.

Con cuidado, paso a paso,
sin hacerme sentir tonto,
Aritmética querida,
un trato yo te propongo:

Yo te aprendo si prometes
que te quedarás conmigo
y me ayudarás con las cuentas
que me encuentre en el camino.

Evitarás que me roben,
que me timen como a un tonto,
que no me paguen lo justo,
¿lo prometes?, te propongo.

El triste cazador

No le funciona el olfato,
se paraliza de horror
y en lugar de estar atento
y lleno de adrenalina,
corre como una gallina
cuando comienza la acción.

Se atropellan en carrera
muchos perros como él,
tratando de averiguar
a qué lugar fue a parar
el pato o la gallineta
que acaban de derribar.

Los disparos lo ensordecen
y lo llenan de temor.
Él se aparta del camino
preguntando con dolor:
¿Cómo pueden disfrutar
del "deporte" de matar?

Su amo lo zarandea,
lo levanta de un jalón.
—¡A trabajar haragán!
—le grita muy enojado—.
Deja pronto esa pereza
que eres un perro de presa.

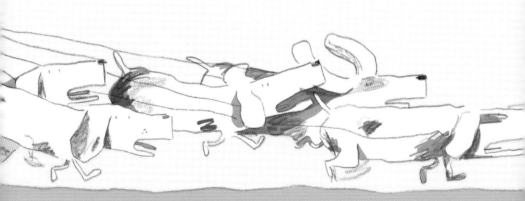

Eso dicen sus orejas
su hocico y su gran ladrido,
su visión clara y precisa,
su cuerpo de corredor,
su astucia y su orientación
pero no su corazón.

Cuando todos se adelantan
para buscar el trofeo,
él se da la media vuelta
y se va por el sendero
pues no quiere tomar parte
de tan cruel ritual de muerte,
sería mejor escapar
en busca de mejor suerte.